中华中医昆仑

尚天裕学术评传

张镜源◎主编

中国盲文出版社

图书在版编目（CIP）数据

尚天裕学术评传（大字版）/ 张镜源主编. —北京：中国盲文出版社，2015.12
（中华中医昆仑）
ISBN 978-7-5002-6780-5

Ⅰ. ①尚… Ⅱ. ①张… Ⅲ. ①尚天裕（1917～2002）—评传 Ⅳ. ①K826.2

中国版本图书馆 CIP 数据核字（2015）第 303203 号

尚天裕学术评传

主　　编：张镜源
责任编辑：亢　淼
出版发行：中国盲文出版社
社　　址：北京市西城区太平街甲 6 号
邮政编码：100050
印　　刷：北京华联印刷有限公司
经　　销：新华书店
开　　本：700×1000　1/16
字　　数：42 千字
印　　张：7
版　　次：2015 年 12 月第 1 版　2015 年 12 月第 1 次印刷
书　　号：ISBN 978-7-5002-6780-5/K · 390
定　　价：12.00 元
销售服务热线：（010）83190297　83190289　83190292

丛书编委会

前言

中医药是中华民族的伟大创造，是世界医学宝库中的夺目瑰宝，数千年来为中华民族的繁衍昌盛作出了巨大的不可磨灭的贡献，至今仍是中国医药卫生事业不可分割的重要组成部分，在维护民族体魄康健、促进经济社会发展中发挥着不可替代的作用。

中医药学，是中华传统文化和科技文明的结晶，是勤劳聪慧的中华儿女在几千年生产生活实践中，在与疾病作斗争的过程中，创造的独具特色的医学科学体系。它有着浓郁的民族特色、深厚的文化底蕴和丰富的哲学内涵。经过一代又一代中医药传人、一辈又一辈名医大家的实践探索、薪火传承、总结完善、创新发展，逐步形成了系统的理论体系、独特的诊疗方法、丰富的医学内容、实用的制药技术。具有疗效确切、用药安全、应诊灵活、普适简廉和预防保健作用显著的巨大优势，在世界医学之林独树一帜，为人类的文明进步与医疗保健事业，已经并正在作出积极的贡献。

为了弘扬中华民族传统文化，彰显中医药学家的丰功伟绩，当代中医药发展研究中心与中国文学艺术界联合会、国家中医药管理局新闻办公室、中华中医药学会、中国中医科学院、北京中医药大学、世界中医药学会联合会等精诚合作，在国家中医药管理局的支持和指导下，为中华近现代百年来贡献卓著、深受敬仰的150位中医药学家，编撰出版了这部大型传记丛书。丛书采用评传体裁，记载他们的生平事迹、医术专长、学术思想、传承教育、医风医德、养生之道和突出贡献，使这些宝贵的医学成就和精神财富发扬光大，千古流芳。

从书取名《中华中医昆仑》。昆仑山，被尊为“万山之祖”，柱西北而瞰东南，立中国而凭世界，凌驾乾坤，巍然屹立。以其高峻豪迈、绵延起伏的磅礴气势，寓意中华中医药学历史悠久、博大精深和永不衰竭；以其挺拔雄伟、高耸入云的恢弘气魄，彪炳一代中医药学家的丰功伟绩、杰出贡献和不朽勋业。

从书入选传主，从全国范围推荐遴选，遍及中医药界各个领域。有临床家、理论家、药学家、教育家、医史文献学家；有名师亲授、世医家教、学派传人、院校毕业和自学成才者；有师徒并驾、父子齐名和伉俪联袂者。他们学术造诣深厚、诊疗技术精湛、临床经验丰富、学科地位崇高、科研成果丰硕、医风医德高尚、国内外影响较大，从医学理论到临床实践，为中医药事业的传承和发展作出了突出贡献，是近现代百年来中华中医药界的杰出代表。

丛书的出版，对于弘扬中华文化，振兴中医药事业，造就中医药人才，普及中医药知识，具有重要的现实意义和深远的历史意义。这是一项开创性工作，填补了我国为著名中医药学家大规模撰写传记的空白；也是一项抢救性工作，因入选传主已仙逝过半，许多亲历、亲见、亲闻的史料日见散逸，将之收集整理、编撰成书，功垂后世、利国利民；更是一项承前启后的工作，总结传主经验，传承中医药伟业，继往开来，光耀世界医学之林。这部医文结合，富蕴历史性、学术性、文学性和实用性的鸿篇巨制，对医疗、卫生、科研、教育及全球关注中华中医药文化的各界人士，都有重要的参考和阅读价值。

丛书的编撰出版，是一项巨大的中医药文

化建设工程，在策划、撰写、编辑、出版过程中，自始至终得到了国家有关领导、政府部门及社会各界人士的关心和支持。国家中医药管理局高度重视，并组织专家对全书进行终审；数百名专家、学者亲临指导，参与规划；有关省、市、自治区卫生厅、局、中医局（处）给予大力帮助；传主及其亲属、弟子热情支持、密切配合；撰稿人深情满怀、辛勤笔耕；编审专家尽心竭力、精工细琢；关爱中医药事业的企业家热心公益、慷慨资助；全体工作人员不辞辛劳、无私奉献，这一切使丛书得以顺利出版。对此，我们深表谢意。

由于时间紧迫和资料搜集困难，加之水平有限，难免有疏误之处，敬请广大读者批评指正。

中华中医药学，历史悠久，源远流长，发端于远古，奔向于未来。百年对于历史，不过是短暂的瞬间；百人对于万众，不过是沧海一粟。然本丛书所记载的百年百人，则无疑是波澜壮阔的中医药发展史上辉煌的篇章和光芒闪烁的璀璨星辰。

张镜源

目录

患者在伤前是健康的，不要把骨折患者当病人，应积极地创造条件让其早日康复，不要伤上加伤，干扰和破坏骨组织的自身修复能力，要用仁慈无损伤的办法，将骨折对位，将骨折固定，让患者在骨折治疗期间能过着接近正常人的生活，让其尽快过正常人生活。

——尚天裕

尚天裕（1917—2002），出生于山西省万荣县。我国著名中医骨伤科学家，中国接骨学派（CO 学派）的创始人，中西医结合治疗骨折的奠基者。1944 年毕业于国立西北医学院（现西安医科大学），毕业后留校作外科助教。1947 年随著名外科专家万福恩赴南京陆海空军总医院工作，任外科住院总医师。中华人民共和国成立前夕，医院迁往台湾高雄，尚天裕则辗转北上，到天津市立第一医院任外科主治医师。1951 年参加抗美援朝医疗队。回国后调往天津市人民医院，在方先之教授的指导下，从事骨科工作，先后任主治医师、副主任医师、主任医师及天津骨科研究所所长。1958 年从事中西医结合骨伤科研究工作，1975 年遵照周恩来总理的指示，从天津调到北京，任中国中医研究院副院长，创建骨伤科研究所，任所长，并兼任天津市骨科研究所所长。后任中国中医研究院骨伤科研究所和天津市骨科研究所名誉所长。

1980 年，尚天裕被国务院学位委员会批准成为我国首批中西医结合骨伤学科硕士研究生导师，1984 年成为首批中西医结合骨伤学科博士研究生导师。在中西医结合骨伤学科领域共培养了硕士研究生 47 人，博士研究生 14 人。承担了四项国家自然科学基金、四项国家中医药管理局基金课题的研究。获省部级科技进步奖 10 项，国家级科技进步奖 4 项。发表骨伤科论文 171 篇，主编及参与编写著作 34 部。

尚天裕曾 7 次被评为天津市、北京市劳动模范，1979 年被评为“全国劳动模范”，1980 年被评为卫生部优秀党员，1986 年被评为中国中医研究院优秀教师；1988年荣获世界文化理事会授予的“爱因斯坦科学奖”，1999年获“中国接骨学最高成就奖”，2001年获“中西医结合贡献奖”。

尚天裕曾担任国务院学位委员会学科评议组成员，中华中医药学会常务理事，中国中西医结合学会常务理事、骨伤科专业委员会主任委员，《中华骨科杂志》和《中国骨伤》杂志主编，是九三学社中央委员，第五、六、七、八届全国政协委员。

1965年10月20日，卫生部在天津召开了首次中医中药研究成果鉴定会，天津人民医院的“中西医结合治疗骨折的理论和方法”通过了科学鉴定。会议肯定了这是一项意义重大的中医研究成果，值得在全国逐步推广应用。获得这一重大成果的项目带头人就是我国著名的骨伤科学家尚天裕。

中国接骨学的国际乐章

“中国骨科界有个尚天裕，治疗骨折有个小夹板。”这是在20世纪六七十年代国内中、西医骨科界给予的高度评价。“小夹板”这三个字意味着一个治疗骨折新的思想体系的诞生，是治疗骨折的一次深刻变革。尚天裕所创立的中国接骨学派（CO学派）从此跨入国际先进接骨学行列，在国际骨科学术领域引起了极大重视。尚天裕的中西医结合骨折疗法不仅是一种治疗方法的创新，更重要的是一种新理论体系的创立。短短几年，天津市人民医院、中国中医研究院（今中国中医科学院）骨伤科研究所先后接待了来自世界各地的访问团上百个。

治疗骨折，国际公认的最完美的治疗方法

是切开手术做内固定。1973 年，国际上素有“骨折之父”之称的奥地利维也纳贝勒尔创伤骨科医院的克立赛克教授（Dr. W. Knoscl），听说中国创立中西医结合骨折疗法后，感到无比新奇，特别组织参观团来到中国。起初，尚天裕对手法复位、小夹板外固定作了理论介绍和治疗步骤的讲述，克立赛克教授面带疑惑，心里并不相信这种中国传统的接骨术。有位团员坦率地说：“你们的疗法我们听说过，但我不相信。”

尚天裕看到他们持怀疑的态度，决定做一个骨折病人现场治疗，用病例让他们信服。于是，尚天裕在他们面前做了一次骨折手法复位、外固定，并配合投影解说、示范。当外国专家亲眼看到骨折错位的病人在 X 线图像下显示完全复位时，他们震惊了，折服了。那位怀疑的团员诚恳地说：“看见了事实我服了，一定给我资料，回去说服我们的同事。”

几年后，当年的代表团团长克立赛克教授，在尚天裕所著的《中西医结合治疗骨折》一书德文翻译本序言中写道："1973年我有机会去中华人民共和国访问，参观了天津市人民医院……学习了他们的方法。其中最惊人的有两项：一是那里的医生有惊人的才智，他们能把复杂的骨折整复得很好；二是骨折固定方法与西方有很大的差异……其中最显著的例子是前臂双骨折及踝部骨折……深信此书将为我国应用一个合理的骨折复位保守疗法作出贡献。"

1974年，美国议员曼斯菲尔德访问我国，他在访华报告中这样写道："中国人在接碎骨、缝断肢、疗烧伤方面为人类作出了贡献。"

随着中西医结合治疗骨折研究的深入，国际学术交流范围的扩大，中国接骨学已被国际学者认可。1980年，尚天裕应邀同吴英恺、吴咸中教授一起，以中国外科医师小组名义，赴美国参加外科医师第66届年会，并访问了13

个城市。每当尚天裕讲述中西医结合治疗骨折新疗法时，人们对这种新技术的疗效都感到惊奇，很多人都表示出极大的兴趣，并要求来中国观摩、学习，亲眼看看中国人是怎样接骨、固定治疗骨折的。

1981 年，尚天裕应邀到联邦德国访问，德国骨科同行对中国治疗骨折新方法非常感兴趣。当听完中国接骨术的介绍并看到大量骨折手法复位前后的 X 线片后，不莱梅州的卫生部长 Bruckner 说："我们治疗骨折靠刀，你们靠手，这需要更高超的技术。"并表示愿意在当地提供一家医院，集中全市医师系统学习骨折手法复位术，推广中国接骨法。

尚天裕所创立的中国接骨学，引起了国际骨科学术界的强烈反响，一些国家的骨科权威从多种角度对此进行了评价。罗马大学教授、《创伤外科杂志》主编 Monticelli 说："中国的治疗方法有哲学道理，值得推广。"意大利骨科学会会长 Mastrogastino 说："美国 Sarmiento 是用中国人的原则和方法治疗骨折，他全球闻名。"意大利米兰骨科研究所所长 Zerbi 教授说："中国人的脑子在想巧妙接骨，我们脑子僵化了，应该学习。"都灵大学医学院教授 Gallinaro 表示要将中国骨折疗法在西欧广为宣传。

日本接骨学会会长鸟居良夫 7 次访问中国，从不同层面深入了解中国接骨技术，并表示愿意与我国专家全面交流，为创造东方骨伤科学而长期合作。此外，尚天裕还在尼泊尔、南也门、朝鲜、澳大利亚做了介绍，他们都对中国接骨方法很感兴趣。

观摩或接受过尚天裕治疗的华侨都赞扬说："这真是华佗再世，妙手回春。"外宾们看到尚天裕复位骨折，惊奇地说："你们治疗骨折像变魔术一样。"

以 Muller 为首的欧美骨科学者创立了 AO（Association of Osteosynthesis）学派，他们提

出的“解剖对位、广泛坚强固定、完全休息”的学术观点曾在20世纪60年代以前盛行于世界骨科学术界。1983年，在天津召开的国际骨科学术交流会上，无论以Muller为首的AO手术派，还是以美国Sarmiento为首的新的非手术派，都在中西医结合治疗骨折的事实面前表示赞同。同年，英国伦敦大学生物医学工程系与奎因玛丽（Queen Mary）及罗汉普顿（Roehampton）等医院合作，将中国的柳木夹板加以研究改进，制成塑料夹板，称为“北京-伦敦夹板”，并公开出售。尚天裕在1966年出版的《中西医结合治疗骨折》一书的基础上，充实了30多年来的大量临床实践内容，1995年经修订出版了《中国接骨学》。尚天裕所创立的“中国接骨学”，命名为CO（Chinese Osteosynthesis）学派。这一学派的创立使得中国接骨学在世界医学领域占有一席之地，同时也奏响了中国接骨学的国际乐章。

骨折是人类永恒的医学课题之一，骨骼也是人体中能自身修复重建的组织之一。中西医结合兼收并蓄了中国医学和西方医学各自的精华，充分运用骨骼特性，达到更有效地治疗骨折的目的。尚天裕潜心医术，精益求精，勤于实践，勇于创新，博采各家之长，在学术上形成了独特风格。作为我国医学在世界上处于领先地位之一的“中西医结合治疗骨折”，是尚天裕为我国医学发展和人类健康作出的重要贡献。1988 年世界文化理事会授予尚天裕“爱因斯坦科学奖”。

中医熏陶中走出的西医大夫

尚天裕1917年12月25日出生于一个普通的农民家庭。祖父是清末秀才，饱读诗书，尤喜医书，谙熟《伤寒论》、《本草纲目》等医学典籍。年轻时开始坐堂行医，晚年悬壶乡里，诊脉看病，为乡邻解除病痛。祖父的仁爱仁心和高超医术赢得了四乡八邻父老的信任和爱戴，求医者络绎不绝。

尚天裕兄弟四人，从小都跟着祖父读"四书"、"五经"。尚天裕天资聪颖，沉静好学，深得祖父喜爱，每每在诵读经书之余，祖父还教他背诵《汤头歌诀》等中医入门书籍，他也总是放弃与小朋友玩耍的机会，伴侍祖父左右，观察祖父如何诊病开方抓药，渐渐地他也懂得了一些诊病处方的门道。祖父临终前满怀期盼地拉着他的手再三训嘱，要用心读书，继承祖业，走行医之路。这些话语时时萦绕在他的耳畔，并成为他一生的追求和奋斗目标。

尚天裕青少年时期生活在战乱频繁、动荡不安、百姓苦难不堪的年代。1930 年尚天裕离开家乡来到运城读初中。1931 年 9 月 18 日日本发动了“九一八”事变，公然出兵侵占我国东三省。消息传到运城，激怒了广大学生，尚天裕与同学们一起走上街头游行请愿，参加下乡宣传抵制日货等爱国活动。1934 年，尚天裕读高中时因为反对山西军阀阎锡山镇压学生爱国活动而被学校开除学籍，他和几位同学离开山西来到西安，以同等学力资格考入西安一所中学，继续完成高中学业。

1936 年 12 月 8 日，张学良、杨虎城将军发动“西安事变”，扣留了蒋介石，实行“兵谏”，要求他答应抗日。次日，正逢“一二·

九”运动一周年纪念日，西安大中学生一万多人举行示威游行，要求停止内战，一致抗日。尚天裕作为学生代表带领同学们参加游行，之后又慰问东北军和西北军将士。第二年，尚天裕高中毕业时又爆发了“七七”卢沟桥事变，日本发动了全面侵华战争。中国全民族抗战从此开始。

尚天裕高中毕业后积极准备报考大学，不幸的是他患上了阿米巴痢疾，异乡的孤独和疾病折磨给他带来心理和身体的双重痛苦。他一面用学到的中医知识为自己治病和调养，一面把全部精力用来复习功课。

20 世纪 30 年代以前，整个大西北没有一所像样的高等学校。抗战期间，最早由沈阳西迁到西安的东北大学是最有名气的。尚天裕被东北大学电机专业录取，成就了他上大学的心愿，但这不是他喜欢的专业，因为学工科违背了祖父临终时留给他的遗愿。

1937年8月，当时的国民政府教育部下令成立长沙临时大学和西安临时大学。由北平大学、北京师范大学、北洋工学院和北平研究院组成西安临时大学。当尚天裕知道西安临时大学设医学院后，决定退学重新报考西安临时大学医学院。

医学院的学生都是随北平大学西迁过来的，由于西迁匆忙，一部分学生中途失学，为了补缺，只在西安招少量新生。尚天裕以优异成绩被录取，实现了他学医的愿望。

西安临时大学于1937年11月18日开学，不久，晋南战事吃紧，敌机不断飞抵西安西门轰炸机场，师生已无法安心上课。1938年2月，风陵渡失守，潼关告急，西安百姓难安。三月东北大学奉命迁至四川三台；四月西安临时大学奉命南迁陕西汉中，并更名为西北联合大学。

尚天裕随南迁师生跋山涉水，风餐露宿，

步行数百里，到达了汉中市。西北联合大学医学院校址设在汉中城东马家庙，其他学院师生安排在汉中城固县。

马家庙办学条件十分简陋，学生住庙堂，睡通铺，没有电灯，蹲着用餐。在尚天裕看来，艰苦环境他能克服，乱世中能得到学医的机会使他感到心满意足了。尚天裕的学习成绩始终名列前茅，他的医学天赋已显露出来。

1938 年 7 月，西北联合大学奉命改组为西北工学院，由东北工学院、焦作工学院、北洋工学院和北平大学工学院联合组建；西北联合大学医学院独立办学，并更名为国立西北医学院。

高年级开始设临床课，主讲教授是我国著名外科专家万福恩。尚天裕听万教授的课几乎到了着迷的程度。万教授善于将难懂的外科基础理论与临床手术结合进行病例分析，使学生听得明白、学得扎实，万教授讲课严谨，待人和蔼也给他留下了深刻印象。后来尚天裕曾多次对别人说，万福恩教授使他对外科产生了浓厚的兴趣，从此他将外科确立为自己终身追求的事业。

1944年尚天裕大学毕业，以优异的学习成绩和娴熟的临床操作被学校聘为外科助教，继续留在万福恩教授身边，当他的助手。

抗日战争胜利后，尚天裕随万福恩教授进入南京陆海空军总医院工作，任外科医生，后任外科住院总医师。这家医院是当时国内最大的军队医院，人才济济，设备先进；大外科下又设立骨外科、普通外科等多个分科。尚天裕临床基础扎实，手术精心，再加上他身材高大，臂力过人，为人谦逊，使他有更多的机会做各类创伤骨科手术，从而积累了大量的临床经验，为以后从事骨折临床治疗和研究打下了坚实的基础。

1949年南京解放前夕，他所任职的医院准备迁往台湾高雄，尚天裕却毅然选择自动离职，留在了大陆。他对共产党的情怀感染了全家。他先把孩子寄养到一个叔叔家，每天悄悄地出去联系各地同学，寻找新的工作，谋求往后的生活出路，妻子则在家收拾行李，装出一副准备撤离的样子。就在医院撤离南京前往广州的火车开车前两小时，尚天裕才回来。为了不被怀疑，他仍携带家人随同事上了南下的火车。到了广州，医院同事都登上了开往台湾的轮船，他却和家人在混乱的人群中离开了海港码头，去重庆投奔同学。从广州到重庆路程很远，交通不便，交通工具又落后，一路上吃尽苦头。到了重庆才知道，他去就职的教会医院分院在长江上游涪陵，他们又风尘仆仆赶赴涪陵。他当外科医生，夫人吴竖平做妇产科医生，在长江上游的这个小小的城市，尽管生活习惯、生活方式与他这个山西人有着很大的区别，但总算有了住所，有了工作，结束了这段颠沛流离的日子。

1949 年 10 月 1 日，中华人民共和国成立。尚天裕夫妻为了得到更多的发展空间，决心放弃在涪陵已有的声望和较好的生活条件，来到天津。尚天裕和夫人在天津市第一医院分别担任外科主治医师和妇产科主治医师。1951 年朝鲜战争爆发，尚天裕毅然参加了抗美援朝医疗队，看到从前线抬下来那么多伤肢断臂的伤员，他恨不能长出三头六臂，为战士们解除病痛。战争非常激烈，伤员很多，医疗条件极其简陋，他需要想尽一切办法妥善处理和抢救伤员，他要用自己的经验和新技术全力救治伤员。他不怕苦，不怕累，夜以继日地手术，出色地完成了战地医院抢救伤员的各项任务，得到前线指战员们的赞扬，被授予“抗美援朝模范工作者”光荣称号。

抗美援朝结束后，尚天裕回到天津，调到天津市人民医院，担任享有“骨圣人”之称的方先之教授的助手，继续从事骨科工作。这是尚天裕骨科事业上的一个重要转折点。

方先之教授是我国著名的骨科专家，1933年毕业于协和医学院，毕业后留学院从事外科工作，后来重点从事骨科。抗日战争爆发后，协和医院被日军接管，方先之与部分协和医院同事转到天津，创办了“天和医院”。顾名思义，“天津”之“协和”医院。1956年创建了天津人民医院，方先之为骨科主任，陶甫任副主任。他们学识渊博，技术超群，治学严谨，各具风格，都曾留学美国；治疗骨折主要是靠手术。

1957年尚天裕晋升为副主任，分管创伤工作，天天与骨折病人打交道。他擅长手术，以开刀精细著称。当时他也认为骨科治疗离不开手术，因为麻醉安全，外科技术进步，又有抗生素。只要手术过程严格无菌，细致操作，骨折解剖对位，坚强内固定，外面再打上石膏，就可以解决骨折的问题了。但是很多时候事与愿违，手术做得越多，内固定越复杂，骨折愈合得却越慢，骨折治疗中的并发症（即现在所谓的“骨折病”）也越多。不少西医专家，包括尚天裕本人都为此一度陷入困惑。他们心里想：骨折手术这样做下去，骨折治疗会走上什么路？

多年以前，有人根据医院当时治疗骨折的方法，曾给尚天裕画了一张漫画：一个满头大汗的医生，拿着刀、斧、锯、锉、钻正在给病人修理受伤的肢体，画边写着“木匠医生”。意思是说，他像木匠一样，只靠刀、斧、锯等工具为患者治病。他看后心里很不是滋味，甚至有些抵触地认为，手术疗法是国内外教科书上写的、老师教的，有什么可指责的？但是静下心一想，骨折治疗是不是都必须用木匠的办法来治，把人的肢体、人的胳膊腿当做桌椅板凳腿这样来修理呢？他开始产生了疑问。

正在这时，有位外科医师的女儿摔断了胳膊，送到医院治疗。出乎尚天裕意料之外的是，这位身为外科医生的父亲却坚决不同意给自己的孩子施行手术：一是怕孩子遭受痛苦，二是怕刀口感染，三是怕落下后遗症。就算手术一切顺利，还得二次手术取出钢板，胳膊上留下两条瘢痕，不雅观。这位外科医生为自己的孩子想得多么周到，考虑得那样长远，这件事对尚天裕触动很大。

尚天裕心里想，患者来到医院，把宝贵的生命和恢复健康的希望寄托在医务人员身上，我们应该痛病人之所痛，想病人之所想，理所当然地为患者选择最好的治疗方法，减轻患者的痛苦，让他们尽快地恢复健康，重返工作岗位。而目前，我们袭用的这一套方法能不能达到这个目的呢？他回忆起让他挥之不去的一件件惨痛的教训，一个个伤残肢体的病例。他从反思中不再相信手术治疗是唯一可用于临床的方法。

尚天裕曾经讲过一个真实的故事。一个青年司机，大腿骨折手术后刀口感染，导致骨髓炎，住在医院好几年，又经过几次手术，把他折磨得死去活来，最后总算好了，但终生落残。患者在出院时流着热泪，拉着尚天裕的手感谢说："多亏你们把我从死亡线上抢救回来，你们的恩情我会记一辈子。"短短数语刺痛着尚天裕的心，使他终生难忘。

在日常工作中，差不多每个患者或家属总是这样问：骨头什么时候能长好？会不会落残？功能是否能恢复？出院后能不能做原来的工作？面对这些问题，医生只好用"伤筋动骨 100 天，硬伤哪能不落残"来搪塞。他感到这是群众对骨折治疗的批评，也是给骨科医生提出的要求。面对这一现状，尚天裕困惑重重，非常焦急。

土琵琶伴奏洋提琴

中医文化是我国优秀传统文化中最灿烂的一部分，需要后人发掘、传承。中华人民共和国成立后，在党和政府的关怀下，卫生部门一直重视西医学习中医工作。1956 年天津市举办了第一期“西医离职学习中医班”，尚天裕参加了。虽然少年时期他从祖父那里学过一些中医知识，还留有些朦胧的记忆，但由于大学学的是西医理论和临床实践，后来又从事的是西医临床工作，故开始学习时内心还有些抵触情绪，听中医课程格格不入。心想现在已进入原子时代，还在讲什么“阴阳五行”，还在使用草根树叶这些原始的东西，有啥用。勉强学了半年，因病房手术多、时间安排上有矛盾，他经常回骨科临床，学习自然放松了很多。

20 世纪 50 年代，人们的政治热情普遍高涨，国家倡导发扬光大中医药，鼓励中西医结合，卫生局马上给医院骨伤科调来一位姓马的中医正骨老大夫，大家都表示反对，不同意中医进入骨伤科。理由是中医、西医治疗骨折方法不同，治疗原则各异。抱怀疑态度的人说："土琵琶和洋提琴弹不到一起，拉不成一个调。没有共同语言，硬捏不拢，谈何结合？"也有人说："中西医结合就是两者凑合，是中药加西药而已。"

面对这种现象，尚天裕心里很矛盾。他常想：上级的决定是正确的，派来中医正骨医生也是一件很好的事情。问题是我们自己怎样去学，怎样把中医正骨技术学到手。我们不应故步自封，总围着自己这个小圈子转。他有时也在想：中医内科了不得，但外科行不行，骨科行不行呢？骨头是硬碰硬、实打实的东西，骨头断了可不可以手法复位，能不能外固定，骨头能否长得上，肢体功能恢复的好与坏，都是用手摸得着、用眼看得见的，还可以通过X线片来证实，谁也骗不了谁。西医有现代科学知识，又有可利用的现代科学技术成就，有的骨折因为手法整复不了，石膏固定不住，不得不开刀。中医用手摸一摸，贴上块膏药，捆几块夹板，就让患者活动，有时造成骨折，畸形愈合，这都是需要解决的问题。在长期临床中，他曾埋怨经中医治疗过的患者，为什么不早来治，偏去找中医捏骨，给西医治疗增添了困难。同时他也看到，不少患者一来医院，偏找马大夫做中医捏骨，而不去找科里有名望的西医大夫。他在想：马老大夫能够吸引患者，诊室里病人络绎不绝，那么多人信服他，肯定有他的绝招，有疗效才能使人信服，但他的绝招在哪里呢？尚天裕一时真的搞不清楚。

后来医院组织医务人员学习中医政策，讲

述中医理论和正骨经验。通过学习，尚天裕对中医学有了初步的认识。

此时，尚天裕的三个孩子同时得了湿疹（黄水疮），医院的皮肤病专家为他们涂药、打针一年多仍治不好。孩子们非常痛苦，医生的最后结论是，他的孩子是渗出性体质，意思是治不好了。他很着急。一次偶然的机会他碰到一位中医，交谈当中那位中医说他有个治疗湿疹的单方，方法简单，效果显著，让尚天裕回家给孩子们试试看。他起初将信将疑，但一试果然很灵效，只花了几角钱，三个孩子的病全治愈了。孩子湿疹的治愈、马大夫一个个疗伤接骨成功的病例，这些亲身经历的事实让他深有感触，他在想用什么理论去解释呢？

尚天裕不断思考着这样的问题：有人说中医不科学，知其然，而不知其所以然。意思是说，中医能把病治好，但却说不清其中的科学道理。中医传承的方式是师带徒，师傅怎么做徒弟就怎么学，相互间学习、总结、交流不够。作为西医医生应该首先搞清楚中医的科学内涵到底是什么？用自己掌握的现代科学知识和方法，在学习中医的基础上，与中医医生一起收集整理、研究中医临床经验，找出它的科学根据，阐明它的科学道理，继承发扬祖国医学遗产，走中西医结合之路，这应该是西医医生肩负的历史责任。

面对诸多的困惑和矛盾，在中西医结合治疗骨折的创立和发展中起了重要作用、在西医骨科界知名度甚高的方先之教授对尚天裕也给予了非常重要的支持和鼓励。方先之教授亲自复查了中医治愈的上百个病例的骨折复位位置、固定效果和功能恢复情况，以科学的态度，实事求是地提出：中西医结合小夹板治疗骨折是很有前途的。他说："如果中西医结合小夹板治疗能解决前臂双骨折的问题，将是骨科界的重大突破。"凭着方先之的学识、声望和严谨的学风，仅此一语，便指明了这一研究课题的意义和难点。领导的支持、老师的教诲、一个个鲜活的病例，使尚天裕茅塞顿开。他认为，骨折治疗不能完全固守教科书上的那一套，应该打破条条框框；中医手捏整骨、贴药、上夹板都有自身的高明之处，我们应加倍珍惜，探明其科学原理，要知其然，更要知其所以然。尚天裕反复分析比较，在心中酝酿着一条治疗骨折的创新之路。这就是尚天裕走的请教——实践——理论——再实践——创新的中西医结合之路。

1958年，毛泽东主席批示：“中国医药学是一个伟大的宝库，应当努力发掘，加以提高。”发表后，全国再次掀起了西医学习中医的热潮。尚天裕积极响应，走出医院，深入基层，向中医正骨医生虚心求教，渴望在骨折治疗上找到一条新路，以解除他多年来对西医疗法效果不十分满意的苦恼和彷徨。

天津有一个苏家胡同，以苏氏正骨闻名。苏氏正骨已有 200 多年的历史，创始人是苏吉位。经苏吉位整理出一套苏氏正骨治伤的医书。当时苏氏正骨第五代传人叫苏绍三，是一位非常有名的中医正骨大夫，手法灵巧，医技高超。尚天裕放下大医院医生的架子，甘当小学生，多次登门拜访苏绍三老中医。

在苏绍三老中医的诊所，尚天裕仔细观察苏大夫治疗骨折的过程，琢磨每一步手法的道理。他看到苏大夫治疗骨折病人用手捏、贴膏药、捆竹帘、打夹板、按摩等手法很新奇，并且治好了许多骨折患者。这些患者中，就有尚天裕所在医院没有治好的，有的还认识他，跟他打招呼："尚主任，您来了。"每当这时，尚天裕总感到脸上发烧。看来不单是中医治不好的患者找西医看，也有西医治不好的患者找中医看啊。

于是他们把知名中医正骨大夫请进了医院，

尚天裕拜中医为师，从头学起。来了患者先请中医治疗，中医能治的，他就跟着学；中医不能治的，他就采用西医的方法治。许多人为尚天裕的行为拍手叫好："骨科主任学中医了！"但也有人说："骨科还是西医顶用！""大老尚把手里的'金刀子'扔了，去学捏骨匠，不知他咋想的……"

中医、西医治疗的合作模式，经历了两年多的探索，在新的治疗方法面前，大家都在努力寻求结合的途径和项目。中西医结合治疗骨折可不是件容易的事，尚天裕发现，单纯应用中医方法能治疗的病，始终停留在几个简单的、容易治疗的骨折部位上。经过多次总结，虽然病例数有所增加，但治疗范围仍难以扩大，疗效也无显著提高，中西医结合出现了"卡壳"状态，创新之路陷于停滞不前的窘境。

在新的情况下有的人开始厌烦了，怕中医学不好，又耽误了搞西医，两头落空；有的人想往前走一步，但又苦于无门路，不知从何做起。在这困难时刻，时任天津市人民医院总支书记兼院长的马突围坚定地支持尚天裕。他鼓励尚天裕说："中西医结合是走前人没有走过的道路，不可能一帆风顺，要逆流勇进。中国医药学是一个伟大的宝库，但不是进展览馆，琳琅满目，伸手可得，要主动发掘。"

医院领导对开创中西医结合治疗骨折的方法非常重视，采取了"请进来（工作）"和"走出去（学习）"两种办法，把全天津市有经验的老中医苏绍三、张小谦、张雁廷等请到医院来，谈经验，做示范，对正骨手法和固定方式手把手地教。尚天裕虚心学习，对每一个骨折病人都亲自动手治疗，吃在医院，住在医院，两周才回一次家。急诊室只要有骨折病人，就有尚天裕的身影。因此，在天津市人民医院他有"老住院"的称呼。尚天裕不单是学习、模仿中医的治疗方法，而且对张小谦的木板固定治疗骨折法、苏绍三的竹帘和纸垫治疗骨折法特别重视，深入进行综合研究。这为继承和发扬骨折中医治疗特色疗法，创立手法复位、小夹板和纸压垫局部外固定中西医结合骨折疗法奠定了基础。

中医治疗骨折历史悠久，有独特的理论体系和丰富的实践经验。中医接骨学也是在继承前人基础上发展起来的。尚天裕不单重视临床实践，还系统研读了中国传统骨伤科发展史和各家骨伤流派的经验及骨伤医学名著。

早在原始社会，先民们在与大自然斗争的过程中，经常会发生创伤骨折，他们用植物、矿物药包扎外治创伤。殷墟甲骨文中的“疾”字，即象征有人被矢镞射伤卧在床上，在这种情况下，必然需要有人为伤员治疗创伤。据《周礼》记载，当时的“疡医”已经能够治疗金疮（刀创）、折疡（骨折、脱臼）等疾病。《吕氏春秋》关于“形不动则精不流”的论述，可以说是功能体育疗法思想的萌芽。

西汉名医淳于意向汉文帝刘恒报告的25个典型病案中，有两例属于骨伤病案。一例是齐王后弟宋建因“举重”而致“腰胁痛”(闪腰岔气)；一例是齐中郎破石“坠马”所致的伤病。据载，齐王后弟宋建经淳于意治疗，连服18剂汤药即痊愈了。这反映了当时我国中药疗伤的水平。

晋代医家葛洪著的《肘后方》这样写道：“裹折伤处，以竹片夹裹之，令遍病上，急缚，勿令转动。”又说：“凡裹缚疮，用故布，不宽不急，如系衣带即好。”尚天裕认为，葛洪提出应用局部外敷药物加小夹板固定治疗骨折，既要固定患处，又不妨碍血运的治疗理念是对的。

唐代骨科大师蔺道人对骨折的诊疗进行了总结，著有《仙授理伤续断秘方》一书，这是我国现存最早的正骨专著。蔺道人治疗骨折首先整复，并总结了5种复位手法，着重介绍了拔伸手法和捺正手法。拔伸牵引时必须握住断骨的一端，不要握在另一骨上，牵引方向是正是斜，应按骨突的方向来定。捺正法是医生用手在患肢外面摸损伤处，根据骨折移位情况用直接的压力使骨折复位。他还继承了葛洪小夹板局部外固定治疗骨折的经验，强调固定后要活动上下关节，活血化瘀，有利于骨折愈合。尚天裕认为，蔺道人的骨折疗法，体现了整体观念、动静结合和辨证施治的治疗思想。后来尚天裕的骨折疗法和学术思想明显受到蔺道人的启发和影响。

元代名医危亦林著有《世医得效方》二十卷，于1345年刊行，按十三科分类。其秉承蔺道人骨折治疗观，创立了杠杆原理复位法、垂直悬吊复位法等。其中，《回回要方》所描述的“将骨折辏接后，却生一等物，如脆骨在骨折周围显示出来，将骨折处把定，如焊药一样”，尚天裕深受启发，认为这就是他所推崇的骨折二期愈合模式。《回回要方》还介绍了古希腊希波克拉底治疗骨折的经验，这是中医治疗骨折史上第一次记载吸取西方医药经验。

明代《普济方》描述的伸直型桡骨远端骨折及超腕关节夹板外固定，比 Colles 的报告早了 400 多年。清代吴谦编著的《医宗金鉴·正骨心法要旨》载有正骨图谱和固定器具图谱，对各部位骨折脱位的记录不下 30 余处。古人的伤科经验、现代的骨伤流派，尚天裕兼收并蓄。

中医正骨是我国劳动人民在长期的生产和劳动活动中，同骨伤疾病抗争积累下的宝贵经验。不但历史悠久，内容丰富，有其独到的整复手法，而且还有一套完整的治疗原则和理论。自古以来，擅长正骨的医生绝大多数散落于民间。要想学到他们的经验和方法，把少数医家请到医院是远远不够的，还需要走出医院，深入民间，博采众长。因此，尚天裕不仅在天津市，还在全国很多地区拜师访贤，登门求教。

他先后到过8个省市，甚至区县，向10多位当地名中医正骨专家学习。他把南派、北派、少林伤科、武当伤科、宫廷正骨、民间技艺等各家之长和特色技术，分门别类，归纳整理。这使他扩大了眼界，开阔了思路，丰富了知识。他把学到的整复、固定技术在科室传授、比较、推广；反复研究，使其规范和科学。他说：开创中西医结合治疗骨折新的道路，是我们骨科医生共同担负的责任和使命。

尚天裕经常说：西医治疗骨折的方法是经过科学整理、总结归纳而成的，国内外的治疗方法没有大的差别，而中医骨科则不然。中医骨伤疗法世代相传，门派林立，而且门派之间相互保密，各有各的绝技和妙法。尚天裕认为，从来没有学习过中医的西医，在开始学习的时候，应该从一方一技、一师一徒开始，沉下心来虚心学习，钻进去，取多家之长，然后再跳出来，打破中医之间的门户之见和中西医之间的界限，总结提高，开创新路。他常说：如果只跟某个中医学，坐享其成，怎能说是“发掘”中医学宝库呢？把老中医的东西原封照搬，照葫芦画瓢，怎能说是“提高”呢？中西医生捏合在一起而后各唱各的调，又怎能说是“结合”呢？

古今学问　皆为我用

我国的接骨学是具有独特技能与经验的一门科学。尚天裕广泛访问接骨疗伤名医和有特长的民间医生，总结学习他们的绝招，目的是要取百家之长，走创新之路，这是中西医结合治疗骨折的必由之路。他认为，“救人无囿于中西之分，为学应尽明古今之道”。古今中外的知识，只要有利于骨伤学科的发展和创新，都应当取其所长，为我所用。

他认为，“整复”是治好骨折的第一步。西医整复骨折多借助 X 光仪器，直观骨折形态，提出整复方案。为了追求解剖对位，往往过度使用手术切开整复，而对手法整复技术很少重视。传统中医根据经验整复骨折，对人体解剖学认识不足，骨折的具体整复手法只能是“临证之权衡，一时之巧妙，神而明之，存乎其人矣”，难以领会，不易掌握提高。

尚天裕在学习《医宗金鉴·正骨心法要旨》提出的“夫手法者，谓以两手安置所伤之筋骨，使仍复于旧也”，力求达到“断者复续，陷者复起，碎者复完，突者复平”。又在学习中医正骨八法——摸、接、端、提、按、摩、推、拿的基础上，采用X线诊断、麻醉下复位，以及解剖、生理、病理、生物力学等现代科学成就，经过临床实践总结出新的整复骨折十大手法：即手摸心会、拔伸牵引、旋转回绕、屈伸收展、端挤提按、摇摆触碰、按摩推拿、成角折顶、夹挤分骨和对扣捏合。骨科医生在使用这些手法整复骨折前，须认真分析X线片显示的骨折移位情况，而后在大脑中形成立体图像，这样才能在整复时做到“手随心转，法从手出”。尚天裕将这套手法灵活运用于四肢骨折，显效神奇。尚天裕经长期实践积累总结的骨折整复技术，解决了西医和中医以往不能医治的某些骨折整复问题。其治疗康复效果超过了西医和中医现有整复技术的水平，使骨折整复技术达到了新的高度。

骨折复位解决了，接下来就是如何固定。关于小夹板的应用，古代《普济方》是用杉皮、松皮或竹片去里黄制夹板，《证治准绳》则用杉皮、好竹皮进行夹缚。尚天裕博采古今众长，将中医各家所采用的木板、竹帘、杉皮、纸壳等外固定用具，反复比较，逐一进行生物力学试验，最终采用具有弹性、韧性、可塑性、能吸潮、透X线的柳木做材料，依照肢体外形设计出各种外固定形式的夹板。这种夹板适用于肢体各部位骨折，而且能稳固地将骨折保持在整复后的位置。在此基础上，他还根据骨折部位、类型及骨折整复后的稳定程度和骨折再移位的规律，在局部外固定形式上，制定了夹板局部外固定、超关节夹板固定、夹板局部外固定或超关节夹板固定合并骨牵引、平衡牵引架结合夹板固定、竹帘或木板分骨垫固定、骨盆兜、木板鞋，结合平垫、塔形垫、梯形垫、高低垫、抱骨垫、葫芦垫、合骨垫、分骨垫等多项固定技术标准，开发了多种固定器材。尚天裕发明的小夹板外固定技术不仅是固定材料、固定形式的创新，更主要的是骨折外固定理念的创新。

按照骨折部位、类型、受伤原因、移位方向、复位好坏、稳定程度及患者的主观能动性，指导患者进行有节制的功能锻炼，是尚天裕提出并初步形成的一套以内因为主导、小夹板固定为特点、手法整复和患者自觉功能锻炼为主要内容的中西医结合治疗骨折的新疗法。患者中流行这样一段顺口溜：过去是“创伤病房任务忙，走廊过道加满床，木架成林索成网，石膏三月苦难当”。如今是“中医西医同治病，骨折就把夹板上，指导病人勤锻炼，整个病房喜洋洋”。尚天裕发明的新方法把骨折病人从手术台、牵引架和石膏固定束缚中解放了出来，他们多么高兴呀！

为了支持中西医结合骨折疗法，天津市卫生局于 1961 年在天津主持召开了全国骨科会议，主要研讨中西医结合治疗骨折问题。当时卫生部的领导高度评价说：“从这里可以看到新医学的苗头。”在这次经验交流座谈会上，方先之、尚天裕讲述了这种新疗法的治疗步骤和治疗机理。会后他们邀请南北著名骨科专家到家中喝茶畅谈，商讨推动中西医结合治疗骨折的发展，被邀者有南方的叶衍庆、屠开元、范国声、过邦辅、朱通伯，北方的孟继懋、冯传汉、王桂生、杨克勤、陈景云、陈敏、刘润田等。

尚天裕在中西医结合临床实践中经过深入细致地分析归纳，适应证明确了，整复手法配套了，外固定器材改进了，练功术式更加合理了，骨折治疗新方法创立了，但仍有不少难关等待他去克服。

前臂尺桡骨干双骨折的治疗是其前进中的一大难关。前臂有尺骨、桡骨两根长骨，折断后变成四节，出现旋转、重叠、成角、侧移位四种畸形和八个方向的变位。医治这种骨折，对成年人常规是切开。尚天裕曾用传统中医方法治疗过一些病人，效果很不理想。有人劝他："不要勉强结合了，白费劲！"但他却没有气馁，而是认真总结不成功的教训。他记起在观察中医正骨时，发现有的中医整复前臂尺桡骨干双骨折，不是捏骨头，而是先捏骨间缝。道理何在？尚天裕反复思考，并在X射线透视下进行模拟操作观察。之后，与方先之教授一道进入解剖室，通过尸体标本解剖，反复进行前臂旋转验证，他们终于揭开了这个谜。因为中医的正骨手法符合先贤提出的前臂双骨折的"担架帆布床"理论，即把担架的两根支棍比作尺、桡骨下，担架的帆布就好比骨间膜，前臂在旋前、旋后时，尺桡骨交叉，骨间膜松弛重叠。在前臂中立位时，骨间膜绷紧，尺桡骨间距离也最宽。前臂的特殊功能是旋转，在整复时，旋转畸形也是主要的。中医在整复时不捏骨头，先捏骨间缝，在骨折的掌背侧夹挤分骨，使骨间膜紧张，尺桡骨间的旋转畸形就自动矫正，上下两骨折断端间距相等，使复杂的双骨折就像单骨折一样，较容易地得到复位。尚天裕还将纸压垫移植到骨间膜部位，首次创用分骨垫，临床获得满意疗效。尚天裕还从太极拳云手动作受到启发，自创了一套简易科学的前臂骨折练功术式。后来他又相继攻下了治疗肱骨髁上、髁间、踝部和脊柱、骨盆等骨折的难关。

尚天裕的中西医结合治疗骨折的创新之路，把中西医的精华有机地结合起来，经受了临床实践的考验，治疗范围不断扩大，并向纵深发展。治疗对象由新鲜到陈旧，由四肢到脊柱，由骨干到关节内，由闭合到开放感染性骨折，疗效越来越显著。

1970年，辽宁省建昌县一个姓陈的农民，因马惊车翻，压断了大腿，在当地治疗后股骨成角畸形愈合，左腿短缩1.5cm，走路一瘸一拐，行动不便。3个月后又一次意外受伤，原骨折部位又摔断了，由陈旧性骨折变为新鲜骨折。对此，尚天裕因势利导，按新鲜骨折治疗方法进行治愈。患者非常满意，并感叹说，想不到第二次摔断了大腿倒变成了好事。

由此尚天裕对陈旧性骨折治疗又有了新的想法：凡是没有形成假关节的病例，骨折延迟愈合，只要对位尚好，改用局部固定，让患者扶拐下地，适当负重，骨折可获得愈合，僵硬的关节可慢慢地恢复；对于畸形愈合的病例，按愈合坚固程度，分别采用手法折骨或手术凿开术，变陈旧为新鲜，再按新鲜闭合性骨折处理，结果多数获成功。

脊柱是人体的支柱，是维持身体平衡的枢纽。脊柱骨折治疗不当，轻者会形成驼背，引起慢性腰背痛，重者还会发生截瘫。尚天裕查阅古籍文献，发现元代危亦林的《世医得效方》和清代吴谦的《医宗金鉴》分别载有治疗脊柱骨折的方法。危亦林用的“悬吊复位法”，就是“用软绳从脚吊起，坠下身直，其骨使自归窠”。这是利用患者自身的重力，使脊柱自然复位。在欧洲，这种治疗方法直到1927年才被达维斯医生用于临床，比危氏整整晚了600年。

吴谦的“攀索叠砖整复术”方法是先让病人两手攀住上面的一根横梁，两脚踏在砖上，一人将病人的后腰拿住，每抽取一块砖，就让病人直身挺胸片刻，这样连续抽三次，挺三次。当病人的脚部着地，脊柱骨折也就复位了。复位后病人仰卧，腰下用枕头垫住使脊椎腰段前突。吴谦独具匠心的治疗方法对尚天裕启发很大。他在骨折背部垫枕，保持脊柱为过伸位，教患者积极地进行腰背肌功能锻炼，利用腰背肌的强大拉力，使脊柱高度过伸，前纵韧带及环状韧带被拉紧，压缩的椎体就可逐渐地被拉开，重新慢慢鼓起复位。实践证明，这种治疗方法不但适于稳定性骨折，对于不稳定性骨折，甚至骨折脱位合并不全截瘫病例，同样可取得良好效果。该方法简单可行，几乎不需要什么设备，患者也不受什么痛苦。只要把治疗方法教给患者，坚持下去，患者自己就可以治好自己的骨折，因此它被称为“脊柱骨折垫枕练功自身复位疗法”。

尚天裕还观察到，一般关节内骨折，除因直接挤压造成两侧关节都粉碎外，一般传达暴力所造成的骨折多是一侧关节面受损。如肱骨外科颈粉碎性骨折、肱骨髁间骨折、内外髁骨折、鹰嘴骨折、桡骨小头骨折、桡骨下端粉碎骨折、第一掌骨基底骨折脱位、胫骨平台骨折、髌骨骨折、踝关节骨折、跟距骨骨折。若在麻醉下采用手法（包括用针撬拨）使骨折尽可能复位，而后利用肢体本身重力的悬垂牵引、皮牵引或骨牵引，纸压垫超关节夹板固定，以及特殊的半侵入髌骨抓、鹰嘴钩、跟骨夹进行固定，让患者早期活动，利用对侧完整关节面的模造作用，使破碎的关节逐渐恢复平整，也可避免关节囊韧带发生僵硬。早活动、晚负重的治疗原则亦即所谓的自身疗法，受到国外骨科专家的关注。

1975年10月，黑龙江省迎春林业局工人小程，高高兴兴地找到尚天裕复查。他卷起右腿的裤子，用手抚摸着那条伤后痊愈的小腿，心情激动地说：“多亏了您用中西医结合的方法给我治疗，才保住了这条腿啊！”原来1973年3月，22岁的小程在装卸木材时，突然绞盘机的钢丝绳崩裂，正在一旁的他来不及躲避，右小腿被钢丝绳打断了，被送到当地医院抢救。14天过去了，他断腿的伤口化脓，伤口周围的皮肉组织逐渐变黑坏死。当地医务人员说，要截肢，否则会引起败血症，危及生命。小程想，自己这么年轻，怎能把一条腿截掉呢！小程抱着一线希望，求治到尚天裕所在的医院。尚天裕用中西医结合治疗感染开放性骨折的方法进行治疗，小程的这条腿保住了。实践证明，一些中医外用药确有祛腐生肌、提脓长肉等多种功效。药后肉芽创面新鲜，伤口愈合快，上皮生长迅速，骨质也很少发生感染，一般不会形成骨髓炎而导致骨折不愈合。

尚天裕融中医学与西医学精华为一体，创造性地提出了以内因为主导的“动静结合（固定与运动相结合）”、“筋骨并重（骨折愈合与功能恢复同时并进）”、“内外兼治（整体治疗与局部治疗兼顾）”、“医患合作（医疗措施需通过患者的主观能动性才能发挥）”新的骨折治疗原则，改变了骨折治疗的传统模式。尚天裕把他新的骨折治疗原则及一系列骨折治疗和骨折愈合临床病例，以及由此形成的新观点撰写成《中国接骨学》。其标志着中国 CO（Chinese Osteosynthesis）学派的形成。

创立学派　著书立论

骨折的治疗一直是骨伤科领域的一个重大课题。20 世纪 50 年代，中国和欧洲的一些骨科医生研究骨折治疗几乎是同时开始的。以 Muller 为首的一批欧美骨科学者创立的 AO 学派，主要在手术方法和内固定器械方面下工夫。他们提出的“解剖复位，广泛坚强固定，完全休息”的学术观点和治疗路线，已在全球普及推广。

AO 方法的精髓是“牢固内固定，纵向加压”。随着时间的推移，AO 技术已显出不少的问题，例如有些骨折难以坚强固定，手术创伤大，钢板下骨皮质血运破坏，以致有些骨折部位延迟愈合、不愈合或取出内固定后再骨折，有报道称再骨折发生率高达20%。AO学派自问：坚硬钢板加压内固定使骨折一期愈合的同时，为什么会诱发局部骨质疏松？经过挫折与反思，他们提出向生物学接骨术（BO）演变的观点，认识到保护软组织特别是骨折部位血液供应的重要性，提出不侵害骨折端的适度复位与固定，合理微动促进骨折愈合。但BO技术内固定终究难以实现无创和微创接骨术的要求。

就在此时，一个以手法复位、小夹板外固定为特点治疗骨折的中国接骨学派（CO学派）悄然兴起，并且取得了骨折愈合快、功能恢复好、患者痛苦少的优良效果，使骨折治疗有了新的突破。这是尚天裕从我国的实际情况出发，根据传统理论，突出中医特色，利用现代科学技术，将中西医两者之长有机地结合起来，在新的骨折治疗原则指导下，经过大量临床实践及不断总结，形成的一套具有中国特色的骨折新疗法。

CO学派疗法与AO学派相比较，具有鲜明的中国特色；与生物学BO学派相比则是殊途同归，各具特点。

在《中国接骨学》中，尚天裕提出“动静结合、筋骨并重、内外兼治、医患合作”的治疗法则，全面地概括了中西医结合治疗骨折的精髓，即固定与活动、治疗与康复的关系；骨与软组织的关系及其微创理念的内涵；局部与全身、内因与外因的关系及其整体观念；医患之间以人为本的人文精神。具体措施是复位、固定、功能锻炼和内外用药四项基本步骤。

尚天裕在著作中对怎样复位、如何固定、何时锻炼、用什么药物都一一作了详细说明。

一、强调早期无损伤（或少损伤）的正确复位

肢体是以关节为枢纽、以骨骼为支架、以肌肉为动力而进行运动的。当肢体受到强大暴力或因肌肉强力收缩而造成骨折后，骨折段因

受到外力作用和肌肉牵拉而移位，肢体因失去骨骼的支撑作用而不能正常活动。尚天裕认为，正骨手法是一门艺术高超的学问，其难度绝不亚于手术治疗。骨折整复时要求尽早尽快复位，越早越快越容易复位；骨折整复标准，对位越好，固定越稳定，患者越能及早进行功能锻炼，骨折方能早日获得愈合。

尚天裕强调，有些为了达到解剖学对位，过多地采用切开复位内固定，把闭合性骨折变为开放性，剥离了骨膜，破坏了骨折部位的血运，损伤了骨折断端的自身修复能力，骨折延迟愈合及不愈合的现象日见增多。事实上，对于绝大多数骨折来说，正确地运用手法，是可以达到解剖学和近似解剖学的满意对位的。人们应该做那些非做不可的手术，而不是做那些你能做或想做的手术。在骨折的复位中，应贯彻以下具体原则：

（一）骨折复位是骨折移位的反过程。在骨

折复位前，必须首先了解外力的性质、大小、方向，以及局部软组织损伤程度和肌肉对骨折段的牵拉作用，弄清骨折移位时所经过的途径，而后选择合适的手法，将移位的骨折断端沿着原来的移位途径倒返回来，这样骨折就会顺利地得到复位。

（二）综合复位与分解复位综合施用。骨折断端之间产生的重叠、旋转、成角及侧方移位，如果能采用一种方法，将整复各种移位的力量综合在一起进行复位，这就是综合复位。如果按步骤矫正旋转及侧方移位，再矫正上下方移位，而后舒理肌腱及韧带，使软组织亦回复原位，就是分解复位。

（三）急性复位与慢性复位相结合。骨折应该争取早期一次完全复位，这样有利于骨折早期愈合。对于有些骨折一次难以完全复位者，采用局部外固定及早期功能锻炼相结合的办法，利用肢体练功活动所产生的内在动力，通过夹板纸压垫外固定装置，可以将残余移位逐渐复位。

（四）整复与固定相结合。中西医结合疗法可以将骨折的复位、固定和功能锻炼有机地结合起来，整复中即有固定，固定了就可活动，在活动中可以继续整复。不能一次整复的，可以分段整复，分期固定。

二、坚持合理有效、不超关节的局部外固定

小夹板治疗骨折生物力学机制为“一个杠杆力，两个约束条件”的黏弹性固定理论指导下的力学系统。在骨折固定后，强调功能活动。骨折整复后，用夹板固定骨折局部，骨折部位的上下关节仍能活动，所用的外固定用具，质轻而且具有一定弹性。布带的约束力是夹板固定骨折的外在载荷和主要动力来源，也是决定夹板成败的敏感参数。在合适的布带约束力下，夹板局部外固定系统可有效形成对骨折端的

“压力包围圈”。肢体活动时，外固定物随着肢体一起动，活动时由骨折远段肢体重力对骨折部位所产生的剪力，大部分被骨折部位的上下关节所吸收。同时，利用肌肉收缩活动所产生的内在动力和骨折部位所放置的纸垫压力，使夹板的杠杆力，作用到骨折断端，以保持骨折在整复后的位置。对复位稍差，遗留有轻度成角和侧移位的骨折，还可以逐渐矫正。

局部外固定原则：

（一）骨折整复后再移位主要是受肢体重力和肌肉牵拉力的影响。因此，在进行固定时，必须根据具体骨折再移位的倾向及力的大小，以力量相等、方向相反的外固定力，来抵消骨折再移位的倾向力，做到“防患于未然”。

（二）局部外固定不是在肢体表面平均加压，而是在骨折要移位的部位加放纸压垫，利用肌肉收缩活动所形成的三点挤压外固定力来抵消肢体内部骨折再移位的倾向力。

（三）对有的不稳定性骨折必须加用牵引力（骨牵引、皮牵引及肢体悬吊牵引）以防止骨折重叠、移位。

（四）通过外固定装置，把肢体放置在一定位置，让病人进行有控制的活动，把因肢体重力和肌肉牵拉力造成骨折移位的消极因素转化为维持对位和矫正残余移位（成角及侧移位）的积极作用。

三、及时恰当的功能锻炼与内外兼治

尚天裕骨折治疗的高明之处在于高度重视早期功能锻炼。他始终强调，适宜的功能锻炼对于促进骨折愈合能收到事半功倍的效果。在“固定与活动相结合”的原则下，固定是从肢体能活动的目的出发，而活动又以不影响骨折部位的固定为限度，坚强有效的固定是肢体可以活动的基础，合理的活动是加强固定的必要条件。活动不但能保持住骨折端在整复后的位置，同时对于骨折断端的残余成角及侧方移位还可以在固定中逐渐得到矫正。因此，功能活动不仅是骨折治疗的目的，而且是骨折治疗的重要手段。功能锻炼应从骨折整复固定后即开始，并贯穿于整个治疗过程中。

功能锻炼必须以保持骨折对位、促进骨折愈合为前提。因此，功能锻炼是一种有目的、有选择、有节制的活动，必须根据具体骨折情况加以分析，什么样的活动对骨折有利，应加以发挥；反之，则要加以控制。一般来讲，凡能使骨折断端紧密接触、互相嵌插的活动是有利的；凡能引起骨折断端旋转、成角、分离的活动都是不利的。

功能锻炼不仅是肢体功能恢复的必要措施，而且是某些骨折复位的一种方法，如胸腰椎压缩性骨折，通过患者的腰背肌过伸锻炼，可使已经压缩成楔形的椎体和皱褶的前纵韧带重新伸展和张开，从而使脊柱压缩性骨折达到复位。有些一次难以整复、不易固定的骨折，如股骨干骨折，利用牵引、夹板、压垫固定后，可通过患者及时主动的功能锻炼，使骨折达到自动复位。

在骨折愈合机制方面，国内外学者进行了许多研究，实验研究证明：早期消肿化瘀、中期接骨续筋、后期强筋健骨的三期用药，能促进骨折周围血液循环，加强成骨细胞增长，促使骨痂形成，加速骨折愈合，提高全身免疫功能。临床观察结果也表明，除个别报告外，中药有促进骨折愈合、改善肢体康复的作用。对开放性感染的骨折，外用中药能促进伤口闭合，使皮肤柔软，减少瘢痕挛缩。

综合中西医结合的理论，尚天裕提出并且身体力行的骨折治疗微创理念，已成为中西医结合治疗骨折的基本准则：

（一）骨折多是由外伤造成的，除个别情况外，患者的身体在伤前是健康的。因此，不要把骨折患者视做病人，应积极地创造条件，让其尽快地恢复接近正常人的生活。

（二）肢体是人体的运动器官，其生理功能就是活动；骨骼是人体的支架，是活动中的杠杆，接受应力及负重是其生物性能。任何违反肢体生理功能、剥夺骨骼生物性能的措施都是有害的。

（三）骨组织有强大的再生及塑形改造能力。治疗骨折时应该为患者创造有利条件，不要伤上加伤，干扰和破坏骨组织的自身修复能力。

（四）对骨折的整复、固定只是为骨折愈合创造条件，骨折能否较快愈合，关键在于活动。功能活动不仅是治疗骨折的目的，从目前情况来看，也是促进骨折愈合、治疗骨折的重要手段。

（五）治疗骨折是目的，所采取的措施都是针对软组织的。“骨肉相连，筋能束骨。”骨折移位是被动的，肌肉收缩活动是主动的。在骨折愈合以前，骨折断端间的活动是绝对的，固定只是相对的。对骨折愈合不利的活动，要通过人的意志加以控制，使骨折断端的不利活动减低到最低的限度；而对骨折愈合有利的活动，要尽情发挥，以保持骨折断端持续接触，紧密嵌插，产生压电效应，以促进骨折愈合及新生骨痂的塑形改造，提高新生骨的抗折能力。

（六）治疗的对象是人而不是物，从表面上看是医生给患者治疗疾病；实际上医生只能是按照疾病发生、发展的客观内在规律，为患者战胜疾病创造有利条件，任何医疗措施须通过患者机体的内在因素和主观能动性才能发挥作用，不应该将患者置于被治的地位。要治病首先要治人，人是物质的，也是精神的。人固为一部机器，唯人是万物之灵，有意识，能思维，富感情，善适应，为最自动化的有机整体。在一定的条件下，患者的精神状态和主观能动性对疾病的发生、发展及转归起着关键作用，患者才是治疗中的主力。

（七）骨折的愈合、骨组织的再生一般是由断裂骨骼周围的软组织形成骨痂，将骨折断端“焊接”起来，恢复骨骼的支架作用，而后按照骨组织的生物性能去塑形改造，逐渐恢复正常骨质结构，这一般称为间接愈合。骨折断端的哈佛氏（Havers）管，可以直接增生，经由活的皮质骨跨过坏死的骨折断端架桥直接愈合，这称为直接愈合。采用哪种方式，要以骨折愈合得快，患者少受痛苦，不担风险，骨折愈合的坚固，不怕再骨折，又不遗留骨折病为前提。

（八）骨折治疗大体分为手术疗法、非手术疗法和介于二者之间的有限手术疗法（半侵入），采用哪一种应根据具体骨折情况及设备条件、技术能力和个人经验辨证施用。多数学者认为，假若非手术疗法能取得手术疗法同样的效果，还是以非手术疗法为宜。人们应做那些非做不可的手术，而不要做那些想做或能做的手术。手术会损伤骨折部位的血运，降低骨折的自身修复能力，把闭合性骨折变成开放性骨折，总会发生一些并发症，带来一些不良后果。在我国现有条件下选择哪种方法，一切应从患者的利益出发，为患者服务，而不是相反。

尚天裕以辩证唯物主义思想为指导，提出了“动静结合、筋骨并重、内外兼治、医患配合”等一整套治疗原则。凡采用他创造的中西医结合治疗骨折的方法，患者的骨折愈合时间较西医治疗快三分之一，疗程缩短二分之一。伤肢在夹板局部固定下都能活动，且骨折很少变位；即使骨折原来对位稍差，有些残余成角畸形或侧方移位，在夹板固定下，通过合理的练功活动，骨折也可以自动复位，对位越来越好。同时关节僵直、肌肉萎缩、骨质疏松、骨折迟延愈合和不愈合等并发症（即所谓的“骨折病”）基本消失，骨折不愈合率由过去的平均5％～7％下降到0.04％。尚天裕创立的CO

学派破除了AO学派倡导的治疗骨折“广泛固定，完全休息”的传统观念，使患者从手术台、牵引架和石膏固定的痛苦中摆脱出来。

中西医结合治疗骨折的成功之路是坎坷、艰辛和漫长的，但自始至终受到党和国家的高度重视。1961年，在天津召开的全国中西医结合治疗骨折经验座谈会上，当时卫生部领导指出：从中西医结合治疗骨折的成果可看出新医学创建的苗头。1963年方先之教授在罗马召开的第20届国际外科学会上宣读了中西医结合治疗前臂骨折的论文，受到一致好评。1964年国家科委组织全国中西医专家对该成果进行鉴定，其获得了“中西医结合治疗骨折”发明奖。评委专家一致认为，这是一项中西医结合的重大科研成果，建议在全国推广，并举办全国学习班。此后，开始举办全国性的中西医结合治疗骨折学习班。至1988年，共办了20期，学员达千余人。中西医结合治疗骨折的方法被医学院校广泛采用，编入教材。《中西医结合治疗骨折》一书于1966年出版，被译成日文、德文在日本及欧洲地区发行。此项成果于1978年获国家科学大会奖。同年获卫生部医学科学技术大会奖。中国医学科学院黄家驷院长在总结我国医学成就时指出："中西医结合治疗骨折，不但效果好，解决了西医疗法难以解决的问题，而且在理论上改变了西医疗法的传统观念。"

1970年底，第一次全国中西医结合会议在北京召开，尚天裕因工作繁忙，没有到会。周恩来总理参加了这次会议，他知道天津有个尚天裕，创造性地发明了小夹板外固定治疗骨折，关切地询问："尚天裕来了吗？他为什么没有来？"第二天，尚天裕专程从天津赶来北京汇报工作。周总理高兴地说："对小夹板外固定治疗骨折我很感兴趣，这是辩证法……我感兴趣的就是因为它说出了真理，固定与运动，局部与整体，内因与外因两个积极性都要发挥。"周总理的话使尚天裕和他的同事们受到莫大鼓舞。

1975年，周总理在病中指示卫生部要举办骨折与关节损伤学习班。随后，中国中医研究院举办了六期全国性的学习班和三期国际学习班，均主要由尚天裕任教。在学习班里，尚天裕与学员吃在一起，住在一起，完全以学习班为家。他认真编写教材，准备教案，收集、列举病例，从中西医结合治疗骨折的理论认真分析探讨。他对整复技术、固定方法手把手地教，毫不保留，恨不能将自己掌握的中西医结合治疗骨折的全部知识奉献给学习班的学员。

1976年，唐山发生大地震，从废墟中抢救出来的伤员以骨伤病人为主，尚天裕带领骨伤科的成员立即奔赴现场，几乎每天都工作和生活在救治第一线。当时与他一起工作的医生们回忆说：那时的抢救阵地就是前沿阵地，手法闭合复位，夹板外固定，几乎都是流水作业。在那次大地震的救死扶伤中，小夹板发挥了很大作用。尚天裕为了尽可能多地抢救伤员，完全顾不上自己天津家里连地震棚都没有的夫人和孩子。

1977年，在学习班结束时，根据李先念副总理的指示，经国务院和卫生部批准，中国中医研究院骨伤科研究所在北京成立，尚天裕出任首任所长，并兼任天津市骨科研究所所长。这是我国第一所为临床学科设立的专门研究机构，它为骨伤科学的健康发展提供了有力的组织保障。1980年尚天裕又被任命为中国中医研究院副院长。

勤学不辍　刚健有为

对于中西医结合，尚天裕有自己独到的认识。他一直认为，中西医结合首先要把中西医“捏合”在一起，取其所长，补己之短，有目的、按计划地吸收中西医两者的精华，有机地进行“结合”，进一步扩大治疗范围，提高疗效；而后用现代科学知识和技术进行实验研究，从临床实践、理论原则、治疗机理等方面将中西医进行“融合”。

经过不断探索，中西医结合治疗骨折在理论体系、临床实践两方面都取得了突出成效。在此基础上，又通过科学实验阐明这些理论的正确性，并用数学模型或其他科学方法阐明其中的科学道理，使中西医结合从实践到理论形成了一个完整的体系。

在尚天裕的组织领导下，研究所对骨折复位、固定的生物力学机制，骨折愈合的机理等进行了深入研究。尚天裕指出，治疗骨折的关键问题是采取绝对固定（坚强固定）还是相对固定（弹性固定）；骨折到底应该是直接愈合（一期愈合）还是间接愈合（二期愈合），这是当代最富挑战性的课题。该课题研究，不单涉及医学理论和骨伤科临床实践，还需要借助基础医学、生物力学、电子学、机械工程学等基础和应用学科的研究。

早在20世纪60年代初，年近半百的尚天裕就开始学习生物力学，并自己动手做实验。他对柳木夹板的材料性质及其对骨干骨折固定的生物力学作用进行了实验测定，观察了柳木夹板对伤肢不同周径和固定不同时期的约束力强度值，并初步探讨了局部外固定的作用机制。20世纪80年代初，他与天津大学基础科学材料力学研究室及南开大学生物系密切合作，应用电测方法对夹板纸压垫局部外固定机理作了测试，初步阐明了其生物力学作用。

哲学能够开启一扇智慧之门。中华文化的整体哲学观给尚天裕提供了新的思想方法。他认为，中西医结合疗法把骨折的整复、固定和功能恢复三个步骤结合成一个有机整体，整复中即有固定，固定后就开始活动，活动中不但可以保持骨折对位，对一些残余的成角及侧方移位还可以自动复位，因为无论采用什么固定方法，骨折在愈合以前，固定只是相对的，活动是绝对的。这是骨折治疗上一次治疗思想方法的重大突破。

骨折断端随时存在着再移位的可能性，因为它受着两种肢体内在力的影响：一是肢体重力，二是骨折断端肌肉的牵拉力。因骨折部位、类型、骨折部软组织损伤轻重、骨折原始移位方向及骨折整复后稳定程度的不同，骨折移位的方向及倾向力也不同，但这是可以预测的。

通过研究发现，中西医结合的固定方法可“防患于未然”。1982年尚天裕就肌肉内在动力对中西医结合治疗股骨骨折的机理进行了探讨。根据“静态”和“动态”平衡原理，以布带、夹板、纸垫、牵引等装置，组成一个局部外固定力学系统。通过布带对夹板的约束力（股骨约为15kg）、纸垫对骨折端防止或矫正成角和侧方移位的效应力（约为6kg），加上必要的牵引力，保持骨折端的复位及压应力刺激。

1983年5月，尚天裕在中、日、美第一届国际生物力学会议上做了题为“中西医结合治疗骨折的生物力学基础”的学术报告。报告指出，夹板局部外固定是一种能动的固定形式，是利用数值相等方向相反的外固定力来对抗骨折再移位的倾向力。它一是通过布带对夹板的约束力，二是通过纸压垫对骨折断端的效应力，三是通过必要的牵引力来抵抗骨折重叠移位的肌张力，四是充分发挥肢体肌肉收缩活动时的内在动力，从而使因骨折造成的肢体内在动力的不平衡重新恢复到平衡。这是一种动态平衡，是通过以动制动、以力抗力、以外固定装置的杠杆来对抗肢体内部骨折移位的杠杆，配合外固定装置，将肢体放置在一定的位置，让病人去进行有控制的活动。此方法可以将因肢体重力和肌肉牵拉力所造成骨折再移位的消极因素转化成为维持固定及矫正残留畸形的积极作用。

夹板看起来是捆在肢体外边，但其固定力来自肢体内部，是外力通过内力起的作用。因此，它是一种积极的能动固定，顺应肢体的生理要求，符合肢体的运动力学原理。当骨折部位的上下关节一屈一伸时，沿着骨干纵轴的肌肉随之一张一舒，在骨折断端间所形成的对向挤压力就一大一小，这种反复地周期性生理应力可产生压电效应（piezo－electric potential effect），促使骨痂早期形成。这种先把骨折断端“焊接”在一起，同时让新生骨痂塑形改造，服从骨质负重力线的方法，可提高愈合骨折的抗弯抗扭能力。

小夹板固定治疗骨折方法简单，效果好，病人痛苦少，在国内已越来越多地为骨科医生所采用。但也有文献报道，由于夹板压力过大，影响了血液循环，严重的还可导致缺血性挛缩。对于小夹板固定，传统中医的做法是用布带捆绑，以在夹板上移动一厘米的松紧度为宜。经测定，其松紧度的拉力为800g。临床观察认为，保持这样的约束力，骨折的肢体末端不麻，活动时无痛，不会影响血液循环，同时还能维持骨折稳定，而且不会发生变位。为此，尚天裕提出，布带的约束力以700～800g为宜，并要求病人坚持锻炼，让肌肉收缩活动，以对血流发生如水泵作用，从而改善血液循环。

在尚天裕的主持下，1980年中国中医研究院骨伤科研究所成为我国首批中西医结合骨伤学科硕士学位授予单位；1984年成为首批中西医结合骨伤学科博士学位授予单位。董福慧有幸成为尚天裕的第一位博士研究生，也是中国骨伤科领域的第一位医学博士。在尚天裕的指导下，他用电测的方法获得了夹板固定治疗四肢骨折的力学参数，并对夹板固定的实验骨折愈合过程进行了扫描电镜观察和电子探针微区元素分析。后来又有顾华、王志彬、涂丰、张松、李可心、赵勇、关继超、邹炳曾、吴冠男等在尚天裕指导下攻读博士学位。他们的博士课题都是围绕骨折愈合的核心问题，分别在绝对与相对的稳定性、血液循环、骨血管构型、骨折愈合最佳应力状态、肌肉力学、断端位移、骨观察窗等方面从基础和临床进行研究，不少成果受到国内外同行的广泛关注。这一系列新成果也使中西医结合治疗骨折由“知其然”过渡到“知其所以然”。目前，尚天裕的这些学生在国内外不同的领域为发扬中医骨伤科事业和广泛传播尚天裕的学术思想而不懈地努力着。

为什么外用中药治疗感染开放性骨折会有明显效果呢？尚天裕对此进行了抑菌试验。他发现，外用中药对伤口内常见较顽固化脓菌，如金黄色葡萄球菌、绿脓杆菌等均有抑制作用，有的甚至极度敏感，能抑制那些顽固的致病菌；有些非致病菌存在，并不影响伤口愈合；进入伤口内的细菌是各种各样的，细菌之间有的相互斗争而消长，有的相互依赖而共存。

中医从长期的临床实践中，根据伤口内脓汁的性质、气味、颜色，辨证用药，改变伤口的局部环境。有些非致病菌产生一些脓汁（伤口内的分泌物，并非西医所指的脓）不是坏事，对伤口来说，它是一种营养物质，可以使肉芽创面新鲜，促使伤口生长。在换药过程中发现骨面上可以长出肉芽，称“骨肉芽岛”。骨肉芽岛互相融合并与伤口周围的肉芽相连覆盖骨面，当肉芽平整后在它的中部再长出“皮岛”。这些不寻常的现象，在用西药换药时从未发现过。

通过临床观察和抑菌试验已证实外用中药的疗效，一些中药能促进细胞增生，增强创面抗感染作用，加速创面血液循环是促进创面愈合的重要因素，符合中医“煨脓长肉”的理论。其科学原理在于中药对巨噬细胞有很强的激活作用，使这种细胞的数量显著增多并定向移动，聚集在炎症部位，逐渐增强的吞噬能力可以消灭、排除抗原物质，起到消炎作用。

这一事实说明，中医学治疗感染的方法是基于调整机体功能及调动防御机制，与西医只强调药物杀菌的观点形成鲜明的对比。中西医结合能使调动机体功能与外部杀菌相辅相成，殊途同归。

尚天裕从多学科、多层次、多角度、多方法对骨折治疗的临床和基础进行了深入研究，承担了 4 项国家自然科学基金课题、4 项国家中医药管理局基金课题，获省部级科技进步奖 10 项，国家级科技进步奖 4 项，共发表骨伤科论文 171 篇，主编及参与撰写学术著作 34 部。

医学、哲学、人文协奏曲

尚天裕回顾中西医治疗骨折的历史，调查研究国内外治疗骨折的现状，重新认识了人体的生长发育规律。他从医学角度，以哲学原理对中医百家和西医各派的学说及方法进行了比较鉴别，发现了古今中外医学的联系和区别，各自的长处和缺点，认识到骨折治疗中存在着“动与静”、“筋与骨”、“内与外”、“人与物”四对矛盾，而这些也正是中西医及西医各学派长期争论的焦点。

西医主张“广泛固定、完全休息”的治疗原则，处理骨折强调固定，忽视活动；重视对骨折的处理，轻视软组织在骨折治疗中的作用；重视损伤局部，忽视整体及全身；依靠外力来整复、固定骨折，忽视肢体本身的内在固定力和人在治疗中的主观能动作用。这种治疗原则实施的结果，会束缚或限制伤肢及整体的功能活动，影响或破坏肢体本身的内在固定力；减低或损伤骨折部位的自然修复能力，增加病人的肉体痛苦及精神负担，制约人在治疗中的主观能动作用。

中医治疗骨折主张“动静结合”。在具体措施上，只固定骨折局部，不包括上下关节，固定后肢体都能活动，即“动中有静，静中有动”；鼓励有利的动，限制不利的动；全身、患肢和骨折断端都要动静结合；在骨折愈合以前，动是绝对的，静是相对的，绝对固定是难以实现的，而且是有害的。

对立统一规律是宇宙的根本规律。尚天裕认为，在骨折治疗中，固定和运动是一组既对立又统一的矛盾，二者同样重要，骨折愈合与功能恢复应相辅相成，局部与整体需要兼顾，外力只有通过病人机体的内在固定力才起作用。在这四对矛盾中，“固定与运动”是主要矛盾，运动又是各对矛盾的主要方面。

他同时指出，在骨折治疗中不能过于强调一方而轻视另一方，双方既有矛盾和斗争，而又彼此联系而依存。固定必须从肢体能够活动的目标出发，活动又要以不影响骨折部位的稳定为限度；有效的固定以肢体能活动为基础，合理的活动又要以加强固定为必要条件。因此，在处理骨折时应首先弄清矛盾双方对立统一的辩证关系和相互依赖的必要条件，根据具体骨折的病理、生理变化，选择合适的固定形式和练功术式，解决好固定与运动这对主要矛盾，再采取其他一些必要措施，骨折就可顺利愈合，肢体功能也可满意地恢复。这些关于动与静的论述来源于临床实践，多么富有哲理啊。

尚天裕还从达尔文“用进废退”的进化论对人的骨骼形态进行分析，认为经过亿万年自然选择，骨骼的形态与功能形成了完美统一，表现在构造及其力学性质上都充分适应其功能活动。生命在于运动，运动是生命的体现，生命依靠运动来维持。达尔文在器官使用与否的效果中谈到，身体各部位的常用和不常用对各种器官影响很大。他分别把家鸭、野鸭的翅骨和足骨进行比较，家鸭的翅骨明显轻于野鸭，但其足骨却重于野鸭。人群调查也证实，运动员及芭蕾舞演员的下肢骨质强度和皮质厚度均大于一般人。可见骨骼就像一件精美的作品，让最高超的工匠也望尘莫及。达尔文把其归咎于自然选择的力量，每一被选择的性状，正如它们被选择的事实所指出的，都是充分地受“自然”的锻炼。小夹板局部外固定治疗骨折是针对骨折局部，肌肉能接近正常水平活动，骨折断端仍保持各种应力和微动，使骨折二期愈合，而这种大量骨痂形成骨折的二期愈合同样也是自然选择的结果。

在观察骨折愈合过程中，尚天裕紧紧抓住骨折断端微动与骨痂生长程度这一对相互对立又相互依存的矛盾。他认为，微动可激发骨痂生长，促进骨折愈合，而愈合又反过来阻止断端活动。美国骨科协会副主席 Sarmiento 同样指出：固定是非自然的，而功能活动是自然的。患大脑麻痹性颤抖的病人四肢骨折愈合特别快，就是因为骨折断端存在运动的结果。锁骨、肋骨就是在骨折不断运动环境下愈合的，锁骨不愈合只有在使用坚强内固定的病例中才能发现。这种局部活动形成骨折二期愈合，是因为大量外骨痂包绕骨折断端，增加了断端处的骨管直径；它符合同等强度物质，管径愈大，抗弯抗扭能力愈强的力学原理。

然而在 20 世纪 60 年代以前，骨折治疗占统治地位的主导思想是“广泛固定，完全休息”，上下关节广泛用石膏固定，让肢体保持绝对休息。其结果导致许多骨折并发症的发生，即骨折病。肢体是个运动器官，不用则废。骨无外力作用易萎缩，产生骨质疏松；肌肉长期不收缩舒展，易肌肉萎缩；关节固定，失去枢纽作用，易粘连而引发关节僵直。

动与静是一对矛盾。微动能促进骨折愈合，如果骨折断端过大活动，则会使长好的骨痂重新折断。恰到好处的骨折断端微动量限的确定，正是现代医学对骨折愈合的一项重要课题。

尚天裕重视人在治疗中的主观能动作用，他强调：不要让患者被动地躺在床上等伤残处慢慢痊愈，只有患者主动配合有利活动，才能愈合得更好更快。所以他在治疗骨折过程中，一直主张“医患合作”，充分调动患者的积极性，让患者本人治疗自己的骨折。如股骨干骨折，通过固定和患者有节制的活动，对骨折对位不利的肌肉动作加以控制，对骨折对位有利的肌肉动作加以发挥，这样大腿肌肉多、肌张力强就可以转化成为维持骨折对位或促进骨折自动复位的有力作用。股骨干粗长，杠杆作用力大，其机械性生物适应性也强。一般斜面螺旋、粉碎性骨折，在股骨髁上牵引，夹板、纸压垫固定下，通过病人及时的功能锻炼，骨折大多可以满意地自动复位。又如脊柱椎体压缩骨折“自身复位法”，就是利用背伸肌的收缩活动来进行骨折复位的，只要将正确的练功方法教给患者，患者自己就能坚持进行锻炼，使骨折复位。

尚天裕反复强调，治疗骨折不能只想着借外力来整复、固定，把人的肢体当作一般用具来修理，要重视肢体本身的内在固定力，以及人在治疗中的主观能动作用、骨折局部的自然修复能力和软组织自身所具有的整复作用，做到不增加局部损伤而将骨折复位，不妨碍肢体活动而进行骨折固定，使患者在治疗期间，能像正常人一样的生活。要将骨折的复位、固定和功能锻炼有机地结合在一起，克服将三者机械分开所产生的弊端，使骨折愈合和功能恢复达到理想效果。

尚天裕广泛研究国内外治疗骨折的原则和方法，创造性地提出以人为本的中西医结合骨折疗法。他指出，骨折是常见病，多发病，不是什么疑难大症，各种疗法都可以取得一定效果。多数骨折就是不加治疗，也可以愈合，但容易遗留残疾。他常常引用现代骨科奠基人之一 Robert Jones 爵士说的话：功能是矫形外科医生的目标，他的专业是了解并运用最好的方法去获得功能。他还引用现代学者 Robert leach 等的话：让患者早日出院，恢复正常人的生活，获得正常功能。这就是说，治疗骨折要以最大的安全、最小的负担、最高的疗效、最好的功能去保护人的劳动和生活的能力。他也常引用 Clay Ray Murray 提出的理想骨折疗法："用仁慈无损伤的办法让骨折对位，将骨局部固定而不要影响关节的活动，让患者在骨折愈合期间能生活得像正常人一样。”为了让患者明白治疗道理，他常用 Cirdle stone 的话说：“骨头是树苗，它的根扎在软组织中，接骨者应该像园丁，而不是泥瓦匠、木匠和铁匠。”这些高深的理论，经尚天裕深入浅出的解说，患者可以听得明明白白。尚天裕对过去那张“木匠医生”的讽刺漫画产生了亲切的感情，留下了深刻的记忆。正是这张漫画曾引起他深深地思考，使他在自己事业的巅峰时刻能冷静下来正视自己的不足。这张漫画成为他走向中西医结合道路的动力。

生命在于运动和奉献

尚天裕从医 58 年，为中医骨伤科学的发展作出了巨大贡献。他热爱骨科事业，对中西医结合治疗骨折的新方法执著追求，对患者表现出深切的同情与责任。他渴望用自己的学识和技术为人民、为社会、为自己钟爱的事业服务。他是一位著名的骨科专家，医疗技术高超，善于用哲学思想指导临床实践和科学研究，在中西医结合治疗骨折领域走出了一条前人没有走过的道路。几十年来，他和他的同仁每创造一种新方法、治疗一种骨折，都要耗费大量心血，经过无数次实践，但他从来没有满足和懈怠过，因为他相信技术无端，大爱无限。

“凡大医治病，必先安神定志，无欲无求，

先发大慈恻隐之心，誓愿普救含灵之苦……”这是唐代药王孙思邈所倡导的医德。尚天裕恪守“医者，仁心仁术”的原则，身体力行、廉洁正直、生活俭朴、待人宽厚、正派公道。他待病人如亲人，无论患者是干部、外宾还是专家、农民，都“普同一等，皆为至亲之想”，救死扶伤，一丝不苟。学习中医时，请进中医到医院，他是天天泡在医院的“老住院”；举办学习班时，他吃住在班上，是辛勤浇灌苗圃的“园丁”；外出调查，他到过十余个省、市，深入到县区和基层。他曾受过多种奖励，享有多种荣誉，但仍保持一位普通医生的本色。

尚天裕是山西人，喜欢吃面食和醋，每次到他家总会闻到一股山西老陈醋的飘香。他喜欢吃五谷杂粮，粗茶淡饭。这种简朴的生活习惯，可能是在他生活的那个对吃喝没有特殊要求的年代养成的，无论在六七十年代的天津，还是八九十年代的北京，他都经常在食堂吃大锅饭。他几十年来都是以自行车代步，上班、出诊、办事、出席会议等活动都是骑自行车，自行车成了尚天裕最常用的工具之一。他从不因为自己是大医生、院长而要求调配公车。他是全国政协委员，有一次骑自行车去人民大会堂开会，竟被卫兵拦住说："请出示证件!"后来在谈笑中说起这件事，听的人都说这是前所未见的事情。他的博士研究生赵勇记得这么一件事：在赵勇举行博士论文答辩时，尚老骑着自行车到各单位请专家，年轻的赵勇还总跟不上。一直到近80岁时他还坚持骑车。尚天裕说他的养生之道就是不断思考，不停运动，吃大众化饮食，干正骨力气活。他非常重视运动，重视"功能锻炼"，这体现了他的哲学思想。"生命在于运动"，始终贯穿在他的生活和工作中，也贯穿在他的医疗思想中。

骨伤科工作是一种力气活。骨折整复在施用手法技巧的同时更需要一定的臂力和指力。

尚天裕身材高大，年轻时是篮球运动员，长期从事骨伤科工作，练就了一身力量和一身胆量，到了晚年手上的功夫与年轻人不相上下。凡是与尚天裕接触过的人，特别是好久不见面的老熟人、老朋友，见面时一握手，就会感到他的手劲很大，手被握得生痛。高兴时他还会在他们的肩膀上重重地捶一下，那是一种发自内心的爽快和兴奋。

尚天裕是公认的骨科权威，但他从不以此自居。他对晚辈关心爱护有加，循循善诱，苦心鞠育，不拘一格提携人才、扶持后学，培养了数以千计的国内外骨伤科专业人才，堪称骨科界的伯乐。在他的支持下，中国传统医学中的很多民间疗法、诊疗经验得以继承发扬、普及推广；许多民间正骨医生在他的推荐下，技术得到了发挥和应用，使他们找到了为人民服务的广阔天地。

“路漫漫其修远兮，吾将上下而求索。”

2002年7月17日尚天裕在不断追求和创造中走完了他的人生之路，享年84岁。

尚天裕的一生是为我国中西医结合骨伤事业发展不懈努力、艰苦奋斗的一生，是无私奉献、忘我工作的一生，是承前启后、不图名利、甘为人梯的一生。尚天裕是中西医结合治疗骨折的创始人和奠基者，著名骨伤科学家，杰出的中西医结合学者。他永远是我们学习的良师，是我们做人的楷模。他所开创的中西医结合治疗骨折的学术思想和学术体系将流芳百世，熠熠生辉！

（撰稿人　赵　勇）

《中华中医昆仑》丛书 150 位医家名录

（按生年排序）

张锡纯	丁甘仁	萧龙友	王朴诚	恽铁樵
曹炳章	冉雪峰	谢　观	施今墨	汪逢春
孔伯华	黄竹斋	吴佩衡	蒲辅周	陈邦贤
李翰卿	李斯炽	姚国美	陆渊雷	张泽生
时逸人	张梦侬	叶橘泉	王聘贤	陈慎吾
邹云翔	赵炳南	承淡安	余无言	刘惠民
岳美中	沈仲圭	秦伯未	赵锡武	韦文贵
程门雪	黄文东	赵心波	董廷瑶	吴考槃
章次公	石筱山	陆南山	张赞臣	李聪甫
刘绍武	陈存仁	朱仁康	陆瘦燕	姜春华
韩百灵	高仲山	李克绍	王鹏飞	刘春圃
金寿山	哈荔田	何世英	周凤梧	干祖望
关幼波	王为兰	任应秋	罗元恺	祝谌予
杨医亚	郭士魁	何时希	耿鉴庭	俞慎初

裘沛然	顾伯华	江育仁	邓铁涛	门纯德
刘渡舟	尚天裕	朱良春	李玉奇	程士德
尚志钧	赵绍琴	董建华	米伯让	李辅仁
张珍玉	班秀文	颜正华	于已百	颜德馨
路志正	方药中	王乐匋	黄星垣	谢海洲
余桂清	何　任	王子瑜	程莘农	陈彤云
焦树德	张作舟	张　琪	李寿山	张镜人
王绵之	方和谦	印会河	王玉川	蔡小荪
李振华	马继兴	王嘉麟	宋祚民	刘弼臣
王雪苔	刘志明	吴咸中	李今庸	任继学
裴学义	王宝恩	周霭祥	贺普仁	唐由之
赵冠英	许润三	金世元	陆广莘	刘柏龄
徐景藩	吉良晨	吴定寰	沈自尹	王孝涛
张灿玾	周仲瑛	强巴赤列	张代钊	李经纬
郭维淮	柴松岩	苏荣扎布	陈可冀	李济仁
夏桂成	郭子光	巴黑·玉素甫	张学文	陈介甫